Anni Kolvenbach

Grundlagen MUSIK

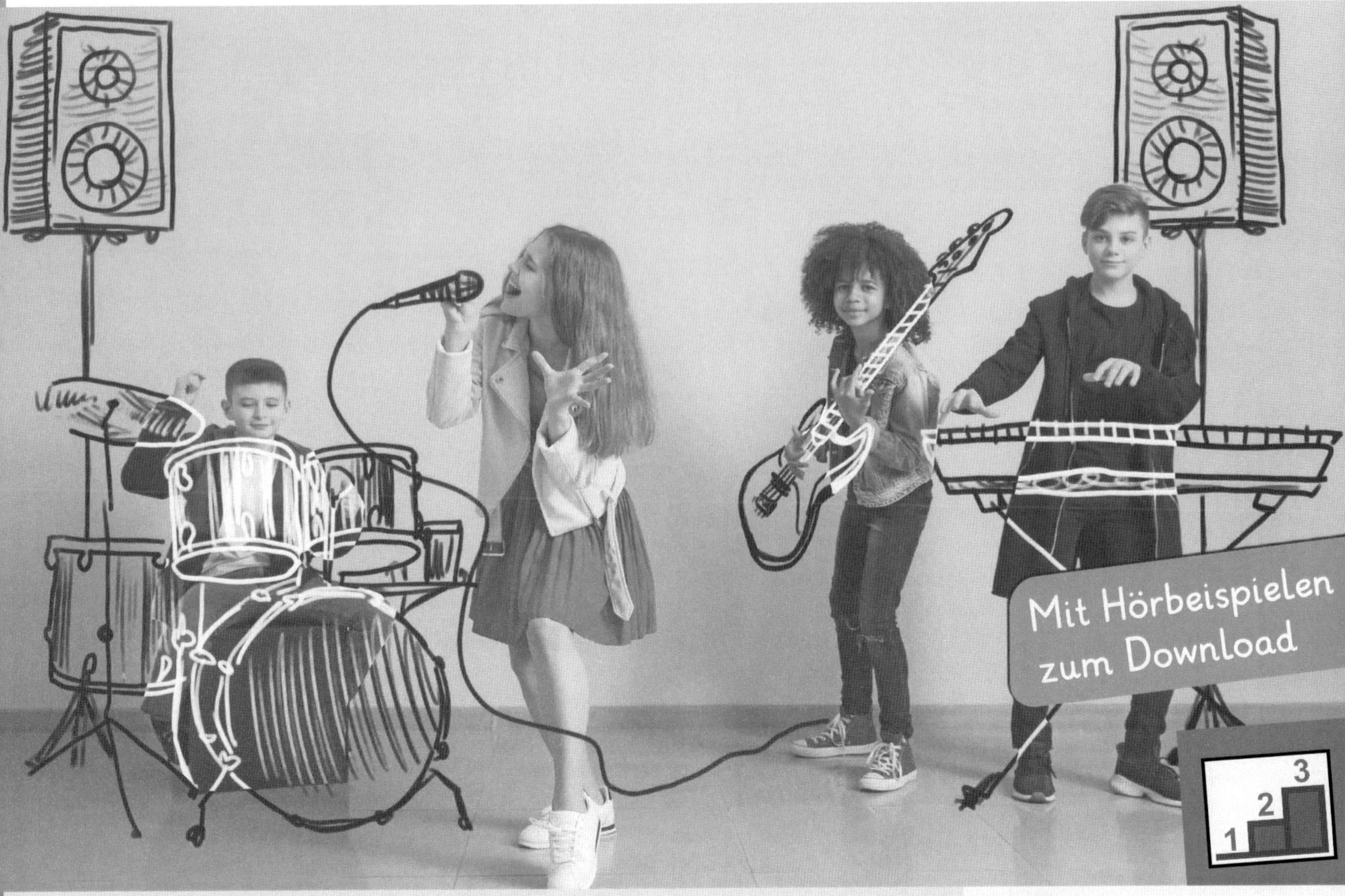

Mit Hörbeispielen zum Download

1 2 3

Musik

www.kohlverlag.de

Grundlagen Musik

... aus der Reihe: Inklusion KONKRET

1. Auflage 2023

Inhalt: Anni Kolvenbach
Coverbild: Pixel-Shot – AdobeStock.com
Redaktion: Kohl-Verlag
Grafik & Satz: Kohl-Verlag
Druck: Druckhaus Flock, Köln

Bestell-Nr. 13 003

ISBN: 978-3-98841-018-4

© AdobeStock.com:
S. 4: malosdedos, pom669; **S. 5, 6, 7:** roberto, Bob Orsilo, meiko_KODAKA; **S. 8, 9, 10:** jenihudson; **S. 11, 12, 13:** dariaustiugova; **S. 14, 15, 16:** liliya, cattalina, Roger_Utting; **S. 17, 18, 19, 20, 21, 22:** tada; **S. 23, 24, 25, 32:** Liliya

© Wikipedia.com:
S. 7: Andrea Amati; **S. 10:** Archies; **S. 13:** Martin Möller; **S. 16:** Pko; **S. 19:** James Eaton-Lee Njan, Richard Wheeler; **S. 20-22:** Frabribri; **S. 22:** David Mulder, Stephan Czuratis; **S. 25:** Rolf Unterberg

Inhalt

Grundlagen Musik
... aus der Reihe: Inklusion KONKRET – Bestell-Nr. 13 003

Vorwort

Liebe Kolleginnen und Kollegen,

das Feld „Inklusion" rückt immer mehr in den Bereich der Regelschulen und gerade in den künstlerischen Fächern ist das Material rar. Das hat mich ermutigt, mein über Jahre gesammeltes Material neu zu sortieren und zu veröffentlichen.

DAS Kind mit einer Lernbehinderung gibt es nicht; der Grad der Lerneinschränkung ist so unterschiedlich, wie die Kinder selbst.

Nur, welche Anforderungen müssen die Kinder an einer Regelschule leisten? Wie hoch darf ich meinen Anspruch „schrauben"? Wie weit muss ich mit meinen Erwartungen runter gehen? Diese Fragen stellt man sich meist, wenn man ein Kind mit einer Lerneinschränkung nun in einem Klassenverband der Regelschule sitzen hat.
Die Antwort ist eigentlich recht einfach: Die zu bietenden Leistungen des Kindes sind der Anspruch der Lehrer•in. Viel zentraler ist, dass die Kinder dabei sind, dass das Thema das Gleiche ist.

<u>Dazu ein kurzes Beispiel</u>: Die Klasse liest im Musikbuch etwas zum Thema „Die Geige". Die SuS bearbeiten die Aufgaben und übertragen ggf. Abbildungen in ihr Heft. Schon beim Lesen beginnt oft die Hürde für ein Kind mit einer Lernbehinderung. Einige können „vorlesen" und erfassen den inhaltlichen Sinn nicht, andere könnten den Inhalt erfassen, wenn der Text etwas einfacher und kürzer wäre. Aber was das Wesentliche ist: Alle Kinder beschäftigen sich mit dem gleichen Thema, nur jedes auf eine andere Art und Weise.

Da Sie die Kinder mit einer Lerneinschränkung am besten beurteilen können, haben wir jedes Thema in drei Niveaustufen aufbereitet. Die Ampel signalisiert die Niveaustufen von 1 (ganz grundlegendes Niveau) bis 3 (inhaltlich selbst erfassendes Niveau).

Und nun wünschen wir Ihnen viel Erfolg beim Einsatz unserer Kopiervorlagen- und Ideensammlung.

Der Kohl-Verlag und

Anni Kolvenbach

Name: ______________________________

Klasse: ______________________________

Die Geige

Aufgabe: Male die Geige aus und verbinde.

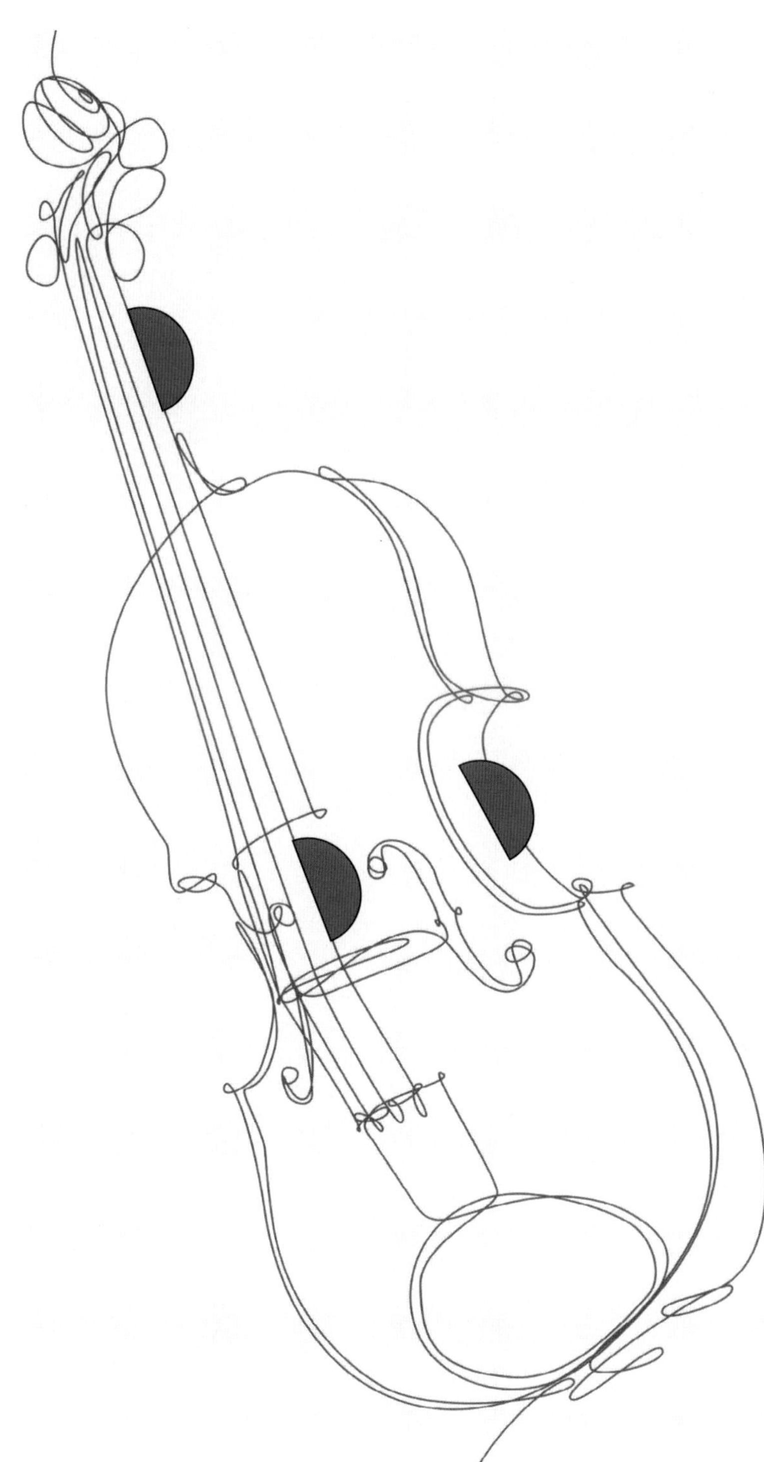

Saiten

Hals

Körper

Grundlagen Musik
... aus der Reihe: Inklusion KONKRET – Bestell-Nr. 13 003
KOHL VERLAG

Name:______________________________

Klasse:______________________________

Die Geige

Aufgabe: Lies und verbinde.

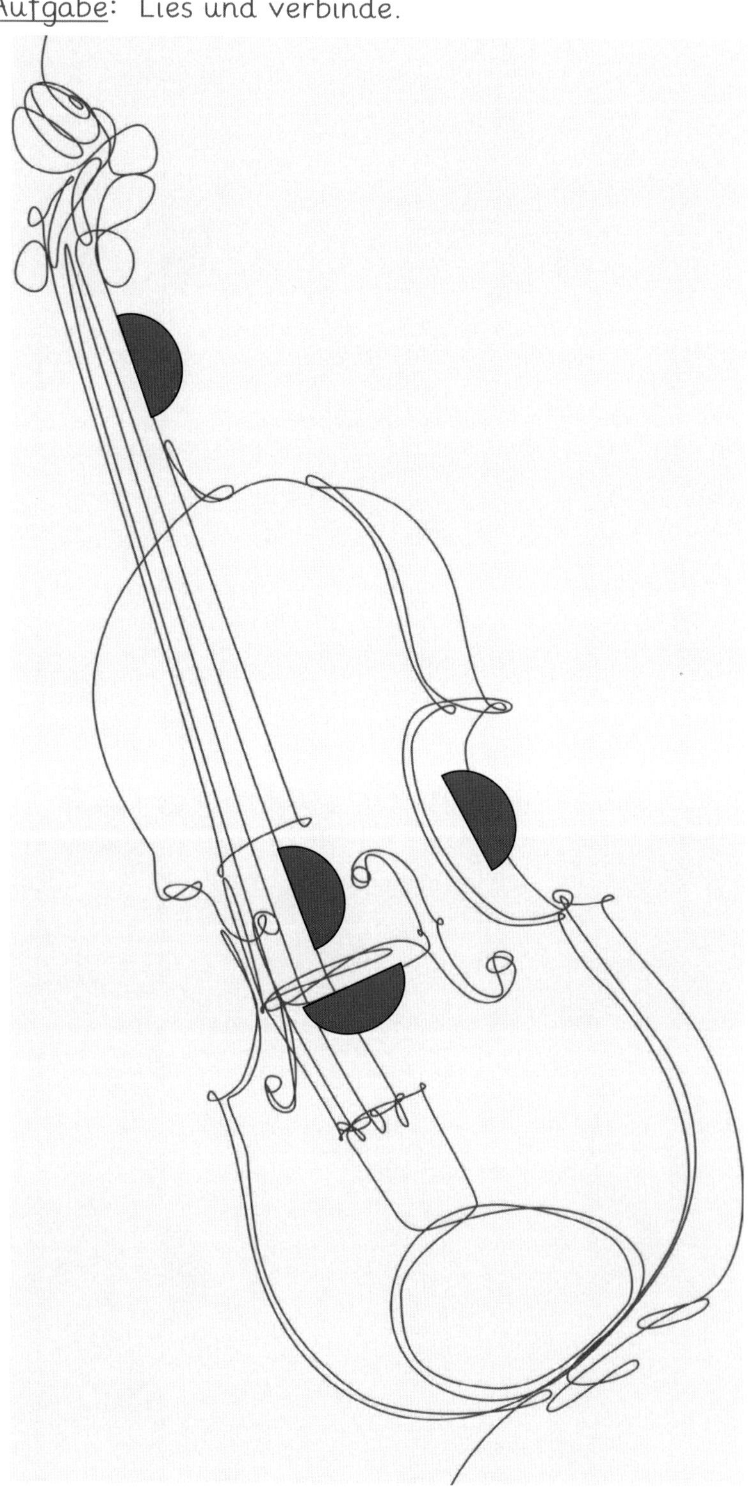

Steg

Saiten

Hals

Körper

Der Hals ist auch das Griffbrett. Durch drücken auf die Saite verändert sich der Ton.

Der Körper ist aus Holz. Er hat eine Oberseite und eine Unterseite.

Die vier Saiten sind heute aus Kunststoff und sind mit Silberdraht umwickelt.

Der Steg ist ganz wichtig. Über ihn laufen die Saiten. Der Klang wird an den Körper übertragen.

Name: ______________________________

Klasse: ______________________________

Die Geige

Aufgabe: Lies den Text und fülle die Lücken aus.

Die Geige ist ein Streichinstrument. Es heißt so, weil man mit einem Bogen, der aus Pferdehaar besteht, über die vier Saiten streicht. Die Geige besteht aus Holz. Sie hat auf ihrem Körper einen Steg. Über diesen Steg laufen die Saiten. Dadurch wird die Schwingung der Saiten an den Körper weitergegeben und es wird ein Ton erzeugt. Das sind die Bestandteile der Geige:

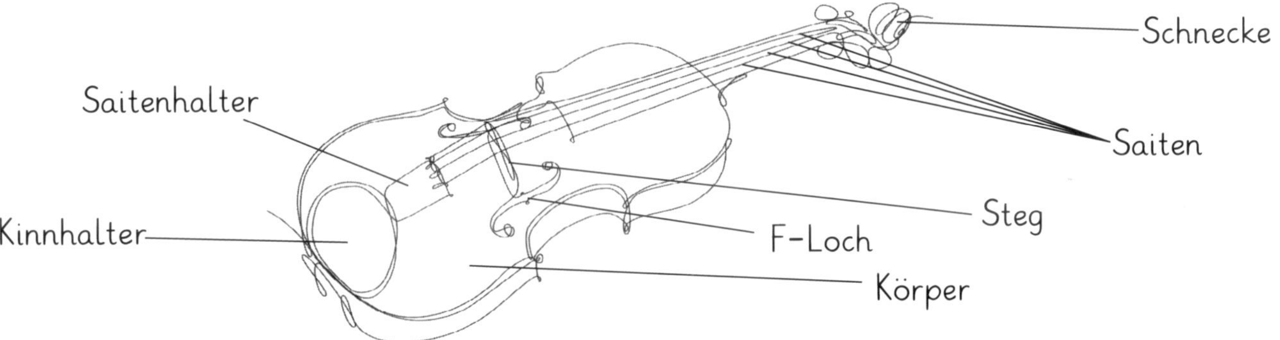

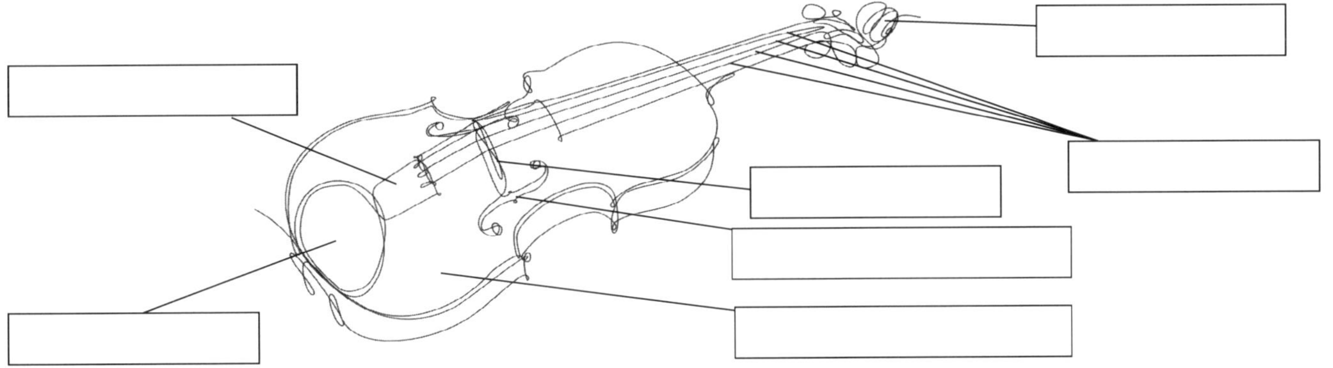

Saitenhalter – Kinnhalter – Schnecke – Steg – Saiten – F-Loch – Körper

Grundlagen Musik
... aus der Reihe: Inklusion KONKRET – Bestell-Nr. 13 003
KOHL VERLAG

Name:______________________________

Klasse:______________________________

Der Kontrabass

Aufgabe: Male den Kontrabass aus und verbinde die Bestandteile.

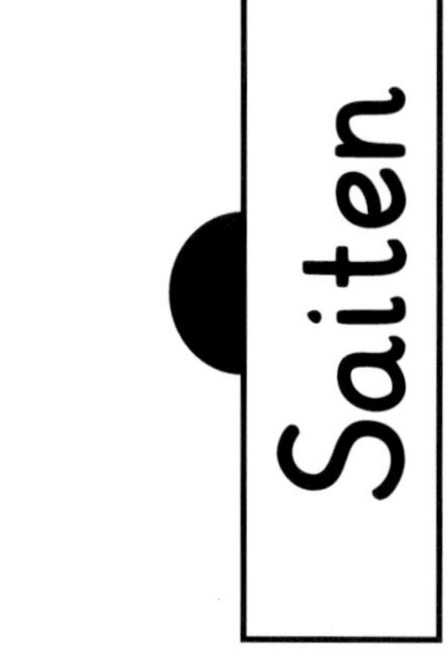

Hals

Körper

Name: ______________________________

Klasse: ______________________________

2

Der Kontrabass

HB 2

Aufgabe: Male den Kontrabass aus und verbinde.

Steg

Saiten

Hals

Körper

Der Hals ist auch das Griffbrett. Durch drücken auf die Saite verändert sich der Ton.

Der Körper ist aus Holz. Er hat eine Oberseite und eine Unterseite.

Die vier Saiten sind heute aus Kunststoff und sind mit Silberdraht umwickelt.

Der Steg ist ganz wichtig. Über ihn laufen die Saiten. Der Klang wird an den Körper übertragen.

Grundlagen Musik
... aus der Reihe: Inklusion KONKRET – Bestell-Nr. 13 003

KOHL VERLAG

Name: ______________________________

Klasse: ______________________________

Der Kontrabass

HB 2

Aufgabe: Schaue dir die Abbildungen an, lies den Text und fülle den Lückentext aus.

Der Kontrabass ist das größte und tiefste Streichinstrument. Es heißt Streichinstrument, da es mit einem Bogen gespielt wird. Mit diesem Bogen streicht man über die Saiten. Ein Kontrabass hat vier Saiten. Wenn man auf dem Hals eine Saite herunterdrückt, so verändert sich der Ton. Immer wenn man an einer anderen Stelle auf den Hals eine Saite herunterdrückt, so ergibt es einen anderen Ton. Seine Saiten sind sehr kräftig und darum sind alle Töne tief.

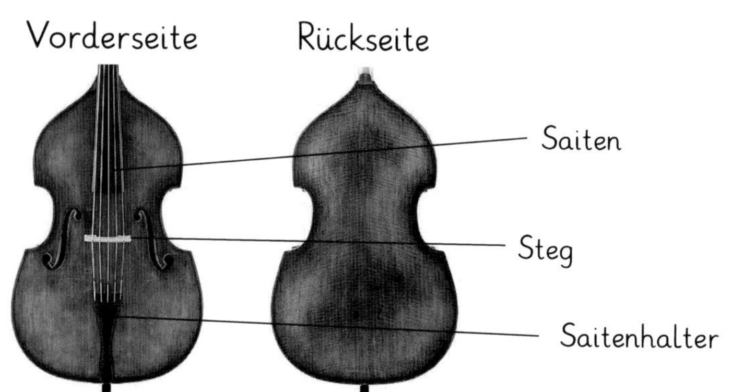

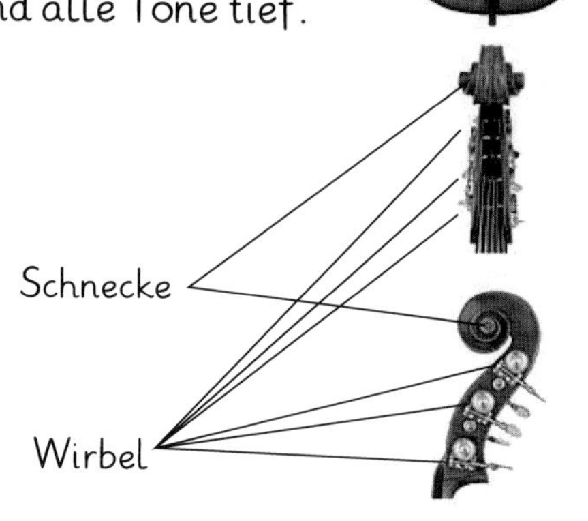

Der Kontrabass ist das größte und ______________ Streichinstrument. Es heißt ______________________________, da es mit einem Bogen gespielt wird. Mit diesem Bogen streicht man über die Saiten. Ein Kontrabass hat ____________ Saiten. Wenn man auf dem Hals eine Saite herunterdrückt, so verändert sich der Ton.

vier – Streichinstrument – tiefste

Grundlagen Musik

Name: ______________________________

Klasse: ______________________________

Die Gitarre

Aufgabe: Schneide aus und klebe die Bestandteile der Gitarre an die richtige Stelle.

Wirbel

Saitenhalter

Schallloch

Griffbrett

Grundlagen Musik
... aus der Reihe: Inklusion KONKRET – Bestell-Nr. 13 003
KOHL VERLAG

Name: ______________________________

Klasse: ______________________________

Die Gitarre

HB 3

Aufgabe: Schneide aus, klebe auf und verbinde.

Hier werden die Saiten gehalten. Sie sind auf Spannung, damit der Ton klingt.

Wenn man hier die Saiten herunterdrückt, so ändert sich der Ton.

Hier werden die Saiten gehalten. Man dreht an ihnen, damit der Ton stimmt.

Dieses Loch gibt es, damit der Ton auch richtig laut klingt.

Schallloch

Wirbel

Steg

Griffbrett

Name: ______________________________

Klasse: ______________________________

Die Gitarre

Aufgabe: Lies den Text und fülle den Lückentext aus.

Die Gitarre gehört zu den Lauteninstrumenten. Wenn sie einen Klang erzeugt, so gehört sie zu den Saiteninstrumenten. Eine Gitarre besitzt sechs Saiten. Diese Saiten kann man zupfen oder schlagen. Wenn man einen Finger auf das Griffbrett drückt, so verändert man den Ton der Saite. Eine E-Gitarre (elektrische Gitarre) benötigt einen Lautsprecher und einen Verstärker, damit man den Klang hören kann. Eine E-Gitarre hat keinen Klangkörper, darum hört man den Ton kaum. Das sind die Bestandteile der Gitarre:

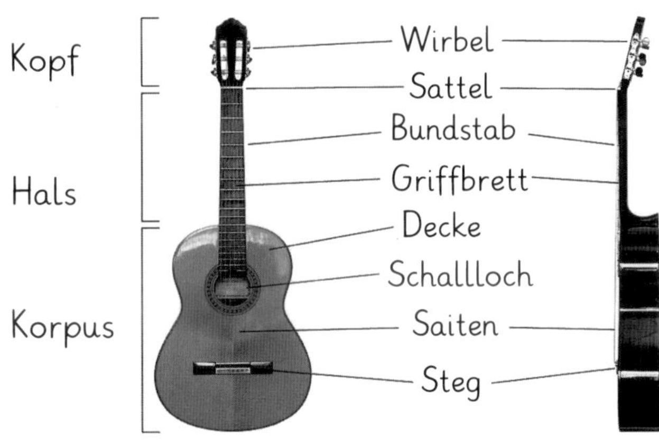

Die Gitarre gehört zu den ______________________________. Wenn sie einen Klang erzeugt, so gehört sie zu den Saiteninstrumenten. Eine Gitarre besitzt ______________ Saiten. Diese Saiten kann man zupfen oder schlagen. Wenn man einen Finger auf das ______________________________ drückt, so verändert man den Ton der ______________. Eine E-Gitarre (elektrische Gitarre) benötigt einen Lautsprecher und einen Verstärker, damit man den Klang hören kann. Eine E-Gitarre hat keinen ______________________________.

Klangkörper – Griffbrett – Lauteninstrumenten – Saite – sechs

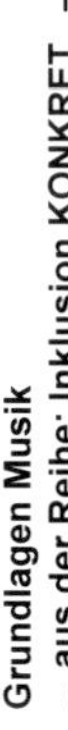
Grundlagen Musik
... aus der Reihe: Inklusion KONKRET – Bestell-Nr. 13 003

Name:

Klasse:

Das Klavier

Aufgabe: Schaue dir die Abbildungen an und erzähle, was du siehst.

Name: ______________________________

Klasse: ______________________________

Das Klavier

Aufgabe: Schneide aus, ordne zu und klebe auf.

weiße Tasten

Fußpedale

Körper

schwarze Tasten

Tasten

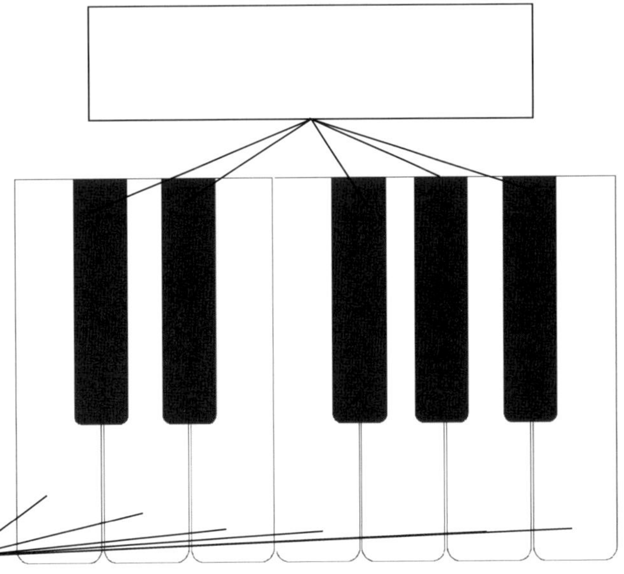

Grundlagen Musik
... aus der Reihe: Inklusion KONKRET – Bestell-Nr. 13 003
KOHL VERLAG

Name: ______________________

Klasse: ______________________

Das Klavier

Aufgabe: Lies den Text und fülle den Lückentext aus.

Das Klavier ist ein Tasteninstrument, aber auch gleichzeitig ein Schlaginstrument und ein Saiteninstrument. Wenn man die Taste drückt, so schlägt ein Holzklotz, auf die Saite und diese schwingt dann und man hört den Ton. Jede einzelne Taste ist ein Ton und hat einen Namen. Diese lauten:

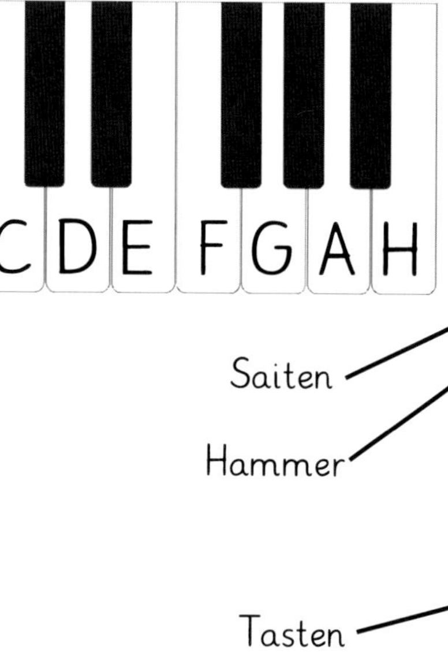

Das Klavier ist ein ______________________, aber auch gleichzeitig ein Schlaginstrument und ein Saiteninstrument. Wenn man die Taste drückt, so schlägt ein ______________________, auf die Saite und diese schwingt dann und man hört den ______________. Jede einzelne Taste ist ein Ton und hat einen Namen. Diese lauten:

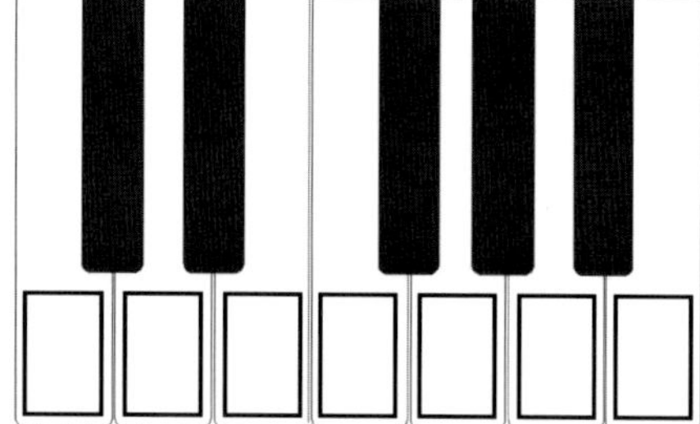

Ton – Holzklotz – Tasteninstrument

Grundlagen Musik

Name: ____________________

Klasse: ____________________

Blech- und Holzbläser

Aufgabe: Kennst du die Instrumente? Verbinde.

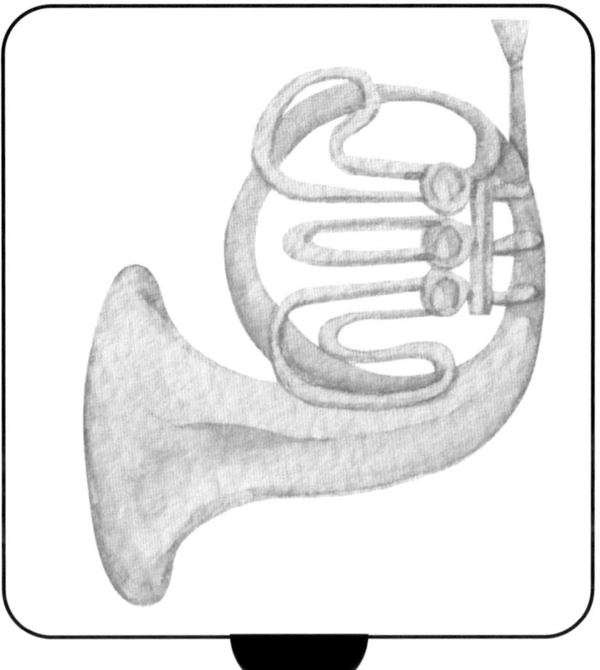

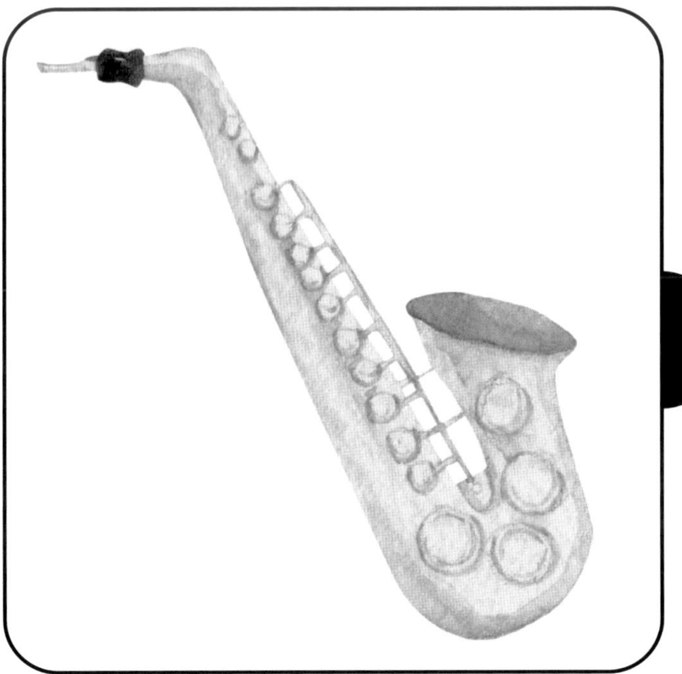

das Saxofon

die Trompete

das Horn

Grundlagen Musik
... aus der Reihe: Inklusion KONKRET – Bestell-Nr. 13 003
KOHL VERLAG

Name:

Klasse:

Blech- und Holzbläser

Aufgabe: Schaue dir die Blechblasinstrumente an und kreuze unten an, ob die Aussage richtig oder falsch ist.

Aussage	richtig	falsch
Alle Blechblasinstrumente haben ein Mundstück, wo man hineinblasen kann.		
Es gibt Blechblasinstrumente, die keine große Öffnung am Endehaben.		
Alle Blechblasinstrumente, die du siehst, haben Klappen.		
Es gibt auch Blechblasinstrumente aus Holz.		

Name: ____________________

Klasse: ____________________

Blech- und Holzbläser

Aufgabe: Lies den Text und fülle die Pyramide aus.

Als Blechblasinstrumente bezeichnet man Instrumente, die aus Metall hergestellt sind. Also aus Blech. Holzblasinstrumente werden aus Holz hergestellt. Hier gibt es aber eine Ausnahme. Das Saxofon zählt zu den Holzblasinstrumenten, obwohl es aus Blech ist. Das ist zwar komisch, aber es ist eben so, weil der Ton über ein Holzmundstück erzeugt wird. Also ob ein Instrument ein Blechblasinstrument ist oder ein Holzblasinstrument hängt nicht vom Material ab, aus dem es besteht. Es hängt vom Material des Mundstückes ab. Wenn man hineinbläst, passiert nicht viel. Um einen Ton zu erzeugen, muss man die Lippen zusammenpressen. Durch das Drücken der Klappen erzeugt man unterschiedliche Töne.

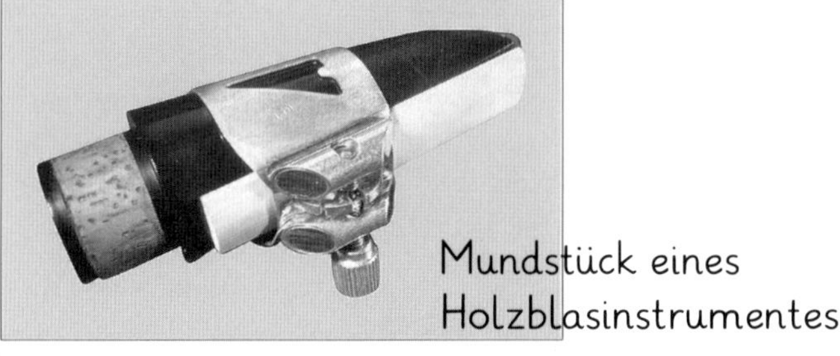
Mundstück eines Holzblasinstrumentes

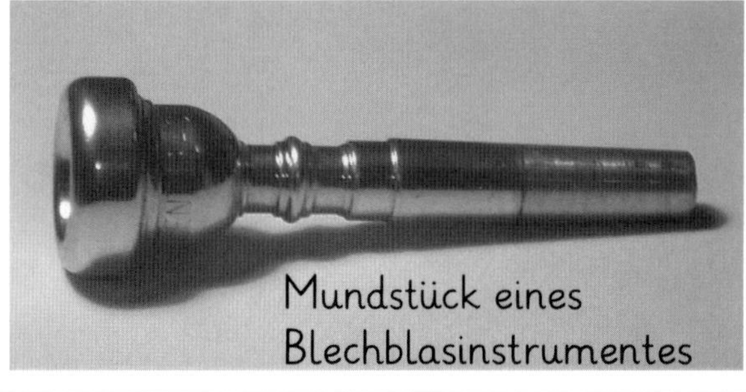
Mundstück eines Blechblasinstrumentes

Ob ein Instrument zu den ____________________ oder zu den Holzblasinstrumenten gehört, kann man nur am ____________________ erkennen. Meistens sind die Körper der Blechblasinstrumente aus ____________________. Obwohl der Körper des ____________________ aus Metall besteht, gehört es zu den Holzblasinstrumenten. Wenn man in das Mundstück ____________________ kommt kein Ton heraus. Man muss dazu die ____________________ zusammenpressen.

Metall – hineinbläst – Mundstück – Saxofons – Lippen – Blechblasinstrumenten

Grundlagen Musik
... aus der Reihe: Inklusion KONKRET – Bestell-Nr. 13 003

Name:____________________________________

Klasse:___________________________________

Schlaginstrumente

Aufgabe: Schaue dir das Bild genau an. Welche Instrumente kennst du?

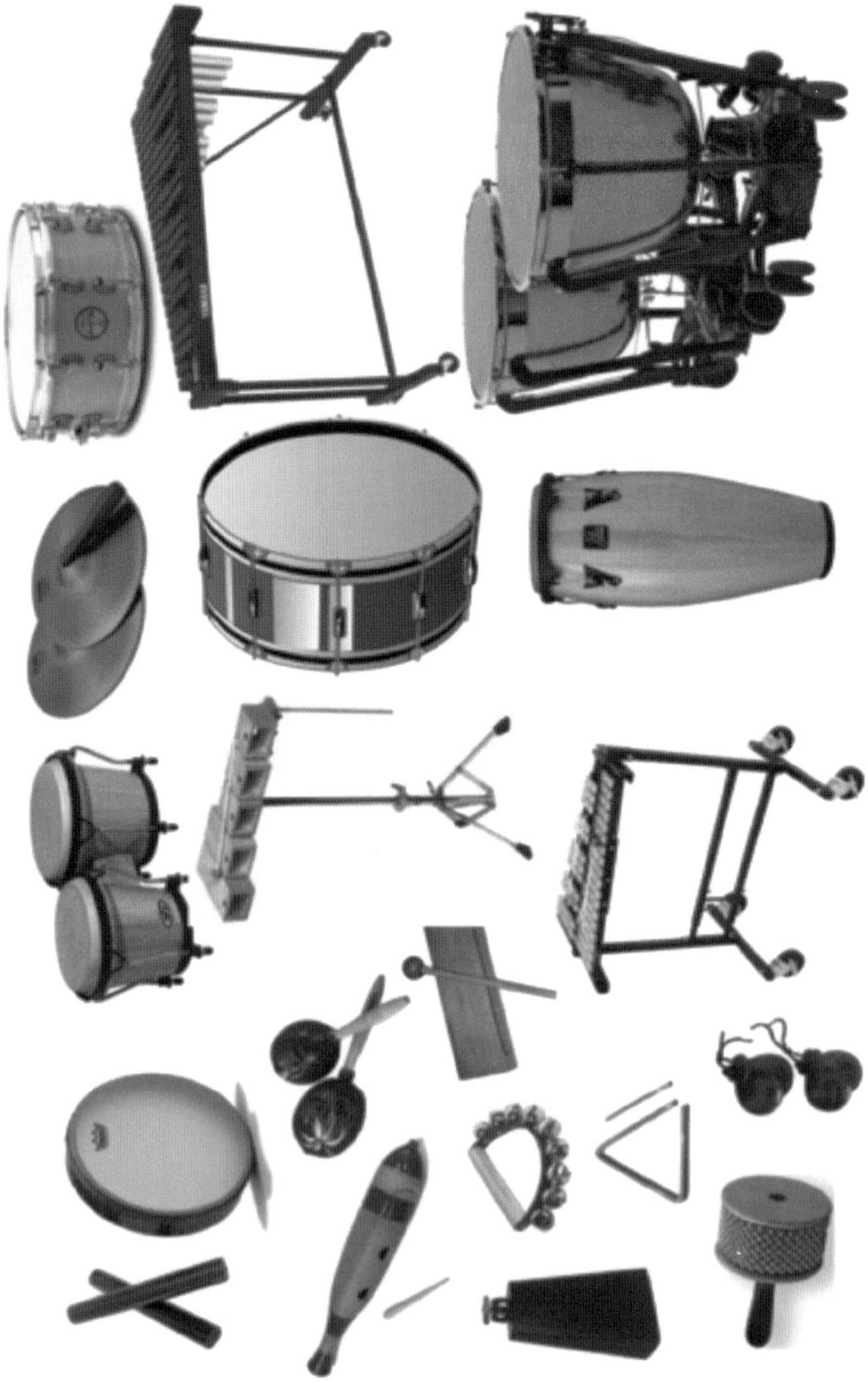

Name: ______________________________

Klasse: ______________________________

Schlaginstrumente

Aufgabe: Umkreise alle Schlaginstrumente mit einem Fellbezug in rot. Alle Schlaginstrumente, die man rütteln oder schütteln kann blau. Und alles Schlaginstrumente, die man mit einen Schlägel spielen muss in gelb.

Grundlagen Musik
... aus der Reihe: Inklusion KONKRET – Bestell-Nr. 13 003
KOHL VERLAG

Name: ______________________________

Klasse: ______________________________

Schlaginstrumente

Aufgabe: Lies den Text und fülle den Lückentext aus.

Schlaginstrumente sind unterschiedlich, nur eines haben sie gemeinsam: Es ertönt beim Schlag ein Ton oder ein Geräusch. Manchmal muss man ein Schlaginstrument auch schütteln und rütteln. Auch ein Glockenspiel ist ein Schlaginstrument.

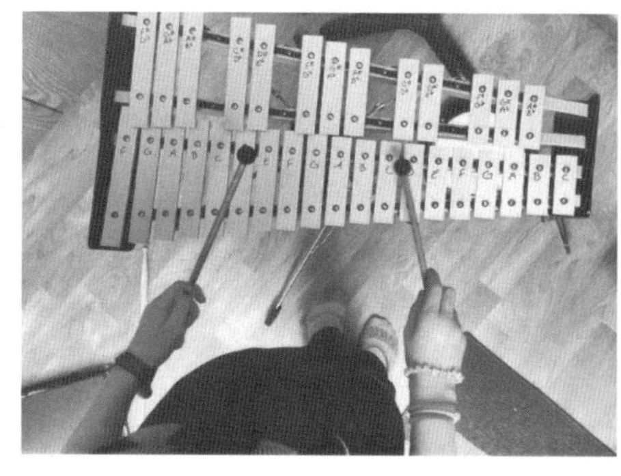

Man spielt es mit Schlägeln. Sobald man das Plättchen angeschlagen hat, erzeugt es einen Ton. Bei einer Trommel ist es ebenso. Sobald man mit den Schlägeln auf die Trommel haut, erzeugt sie einen Ton. Das bekannteste Schlaginstrument ist das Schlagzeug. Es besteht aus verschiedenen Trommeln und Becken. Hier heißen die Schlägel nun Sticks.

Nicht immer muss man ein ____________________ schlagen. Manchmal muss man es auch rütteln oder ____________________. Ein Schlaginstrument ist auch das ____________________. Sobald man mit den ____________________ auf das Plättchen haut, erzeugt es einen Ton. Das bekannteste Schlaginstrument ist das ____________________. Es besteht aus verschiedenen ____________________ und Becken. Die Schlägel heißen bei einem Schlagzeug ____________________.

Glockenspiel – Sticks – Schlagzeug – Trommeln – schütteln
Schlaginstrument – Schlägeln

Name: ____________________

Klasse: ____________________

Das Orchester

Aufgabe: Schneide die Puzzleteile aus und klebe sie wie in der Vorlage auf ein Blatt.
Schneide auch die Textkästchen aus und klebe sie unter das zusammengesetzte Puzzle.

Streichinstrumente | Flügel | Blechblasinstrumente | Harfe | Holzblasinstrumente | Schlaginstrumente

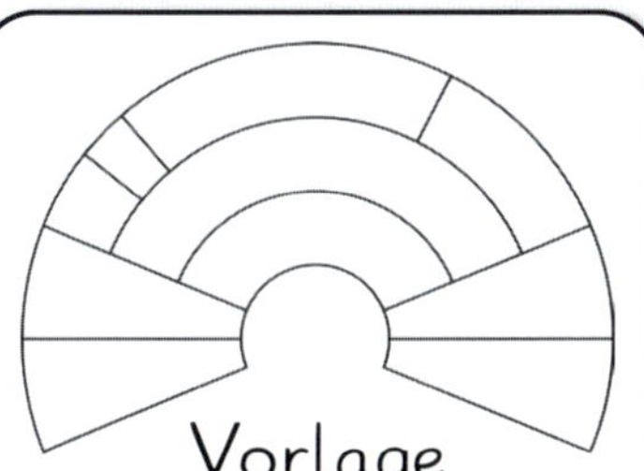

Vorlage

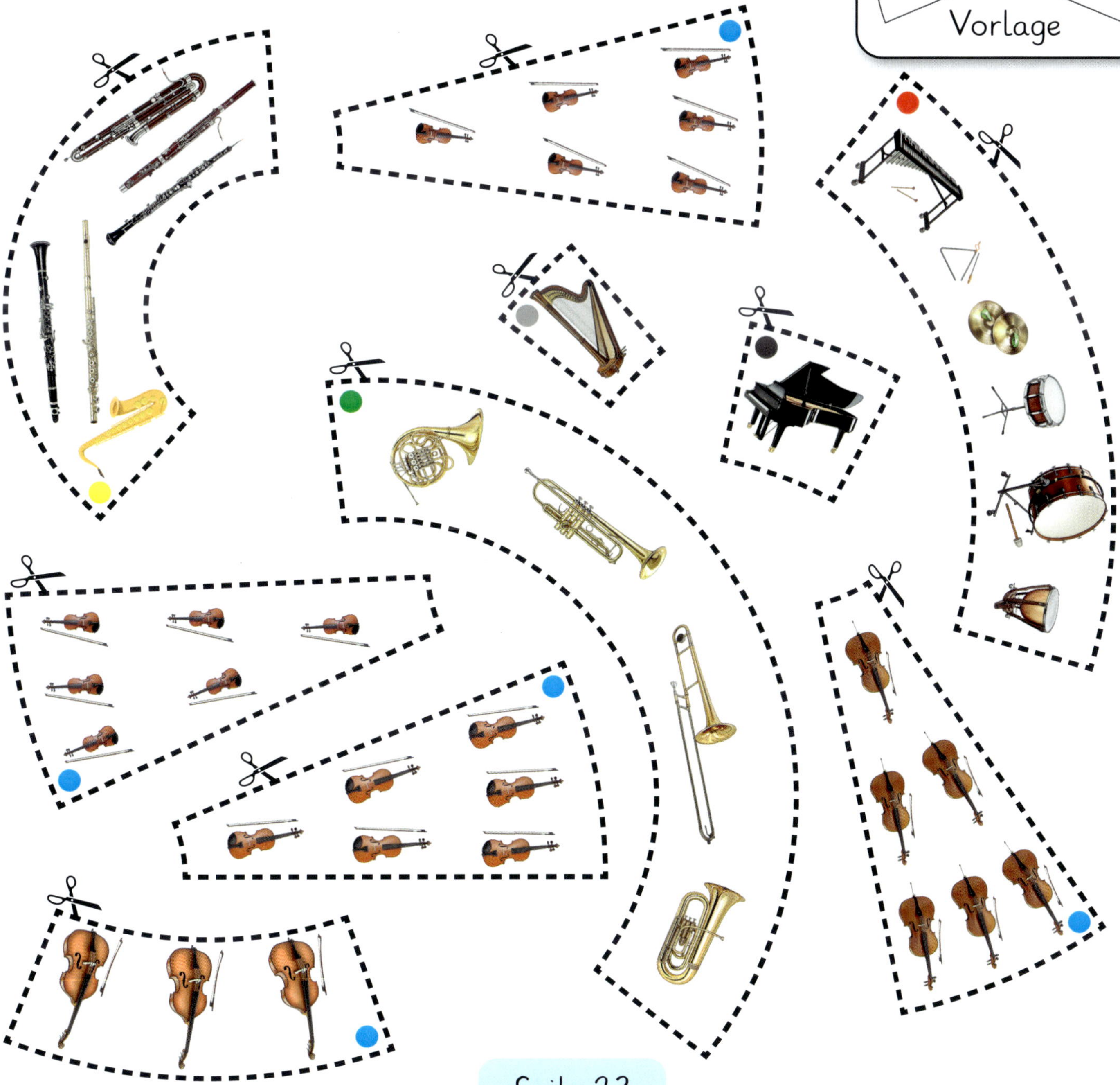

Grundlagen Musik
... aus der Reihe: Inklusion KONKRET – Bestell-Nr. 13 003
KOHL VERLAG

Name: ______________________________

Klasse: ______________________________

Das Orchester

HB 7

Aufgabe: Schneide die Puzzleteile aus und klebe sie wie in der Vorlage auf ein Blatt. Male die Textkästchen mit den richtigen Farben der Instrumentengruppen aus. Schneide sie danach aus und klebe sie unter das zusammengesetzte Puzzle.

Streichinstrumente | Flügel | Blechblasinstrumente

Harfe | Holzblasinstrumente | Schlaginstrumente

Vorlage

Name: ______________________________

Klasse: ______________________________

Das Orchester

Aufgabe: Lies den Text und fülle den Lückentext aus.

Ein Orchester besteht aus mehreren Instrumenten. Die Instrumente werden nach Instrumentengruppen sortiert. Das Orchester wird von einem Dirigenten geleitet. Er zeigt mit seinem Taktstock an, wann welches Instrument spielen muss. Auch gibt er das Tempo und die Lautstärke an. Der Dirigent unterstützt somit die Noten, nach denen die Musikstücke gespielt werden. Große Orchester werden nicht nur bei Konzerten eingesetzt. Auch wenn ein Film mit Musik begleitet wird, ist oft ein ganzes Orchester beteiligt.

Es klingt ganz besonders, wenn die verschiedenen Instrumente zusammenspielen. Bestimmt hast du schon einmal ein Musikstück eines Orchesters gehört.

Ein Orchester besteht aus verschiedenen ____________________. Diese Instrumente sind nach ______________________________ sortiert. Geleitet wird das Orchester von einem ____________________. Er hat einen ____________________. Mit diesem Taktstock zeigt er den verschiedenen Musikern an, ____________ welches Instrument spielt. Der Dirigent ____________________ die Musiker. Große Orchester spielen ____________________ oder werden auch als Begleitung für ____________________ eingesetzt.

Instrumentengruppen - wann - Filme -Dirigenten - unterstützt - Konzerte
Instrumenten - Taktstock

Grundlagen Musik
... aus der Reihe: Inklusion KONKRET – Bestell-Nr. 13 003

Name:____

Klasse:_______________________________________

1

Notenschlüssel und Noten

Aufgabe: Zeichne die Notenschlüssel und die Noten mit einem Bleistift nach.

Name: ______________________________

Klasse: ______________________________

Notenschlüssel und Noten

Aufgabe: Schaue dir die obere Reihe an und übertrage sie auf die untere Notenlinie.

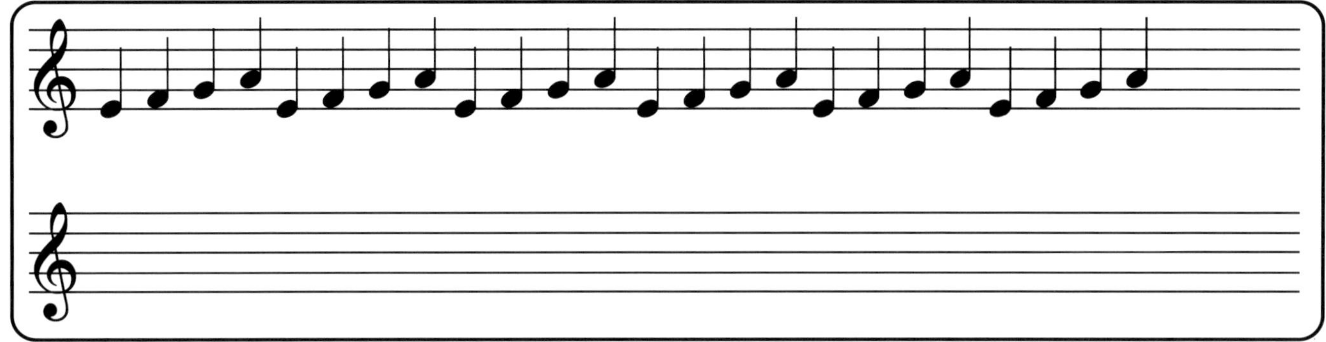

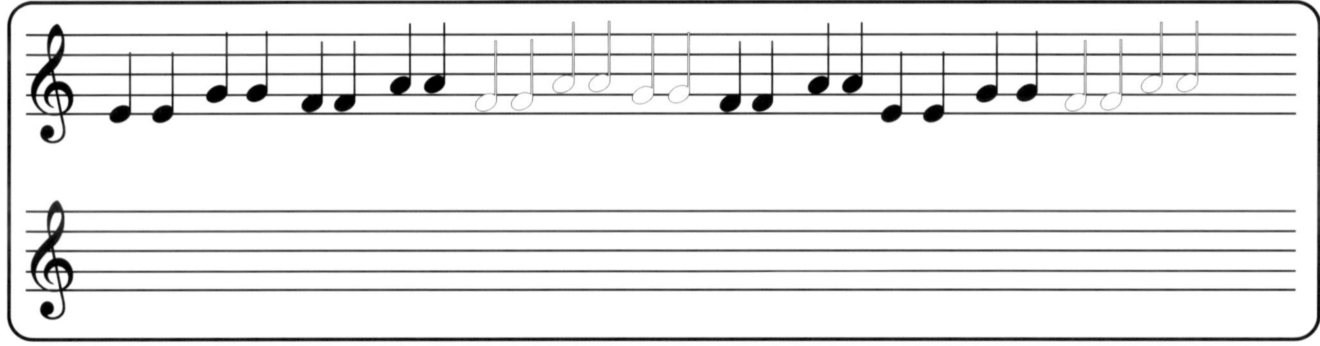

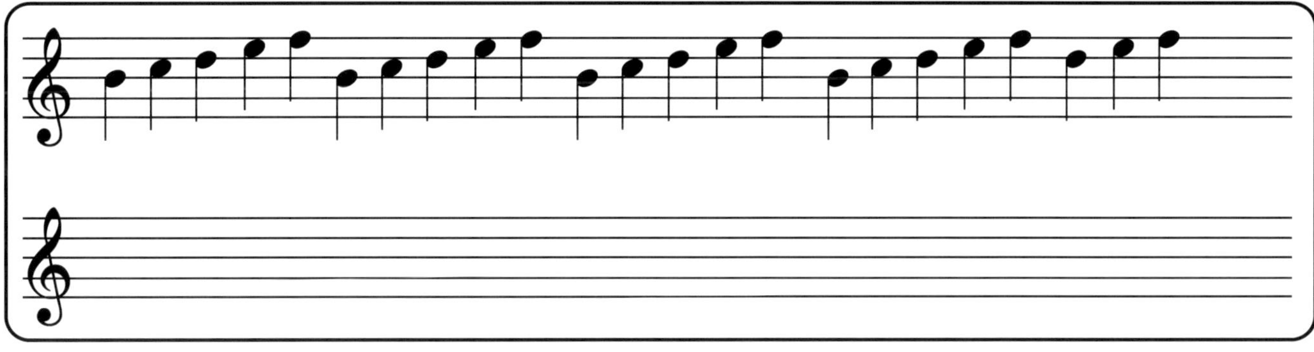

Name: ______________________________

Klasse: ______________________________

Notenschlüssel und Noten

Aufgabe: Lies den Text und fülle den Lückentext aus.

Es wäre eine Sprache toll, die man in jedem Land verstehen würde. Noten sind die „Sprache" der Musik und man kann sie in jedem Land der Welt verstehen. Wer Noten lesen und danach ein Musikstück spielen kann, wird merken, dass es überall auf der Welt gleich klingt. Große Orchester haben Musiker aus verschiedenen Ländern, aber wenn sie die Notenblätter bekommen, dann können sie sofort mitspielen. Die Noten geben an, auf welcher Höhe der Ton gespielt wird. Auch weiß man, wie schnell oder langsam das Musikstück gespielt werden soll und wo man eine Pause machen muss. Notenlinien bestehen aus fünf Linien. Am Anfang steht ein Notenschlüssel. Das bedeuten die Notenwerte:

ganze Note

halbe Note (halb solange, wie eine ganze Note)

viertel Note (halb so lange, wie eine halbe Note)

Wer ______________ lesen und danach ein Musikinstrument spielen kann, kann jedes Musikstück spielen. Egal aus welchem ______________ man kommt. Es gibt ______________ Notenlinien. Am Anfang findet man einen ______________. Die Noten geben an, in welcher ______________ und wie ______________ ein Ton gespielt wird. Auch weiß man genau, wann man eine ______________ machen muss.

Pause – Höhe – Noten – lange – Land – fünf – Notenschlüssel

Name: ______________________________

Klasse: ______________________________

Klatschen bringt Rhythmus

Aufgabe: Klatsche nach.

Klatsche unten und es klingt höher.

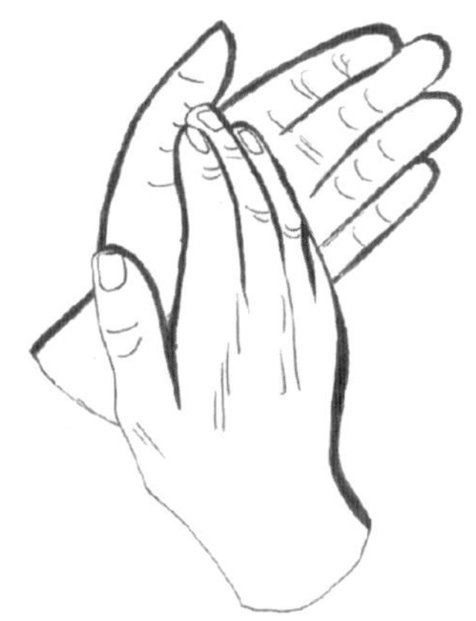

Klatsche in der Mitte und es klingt tiefer.

Klatsche oben und es klingt noch tiefer.

Klatsche:

3x unten

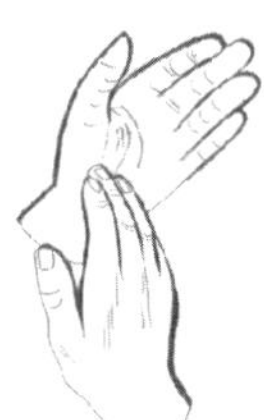
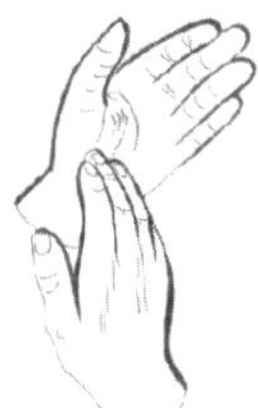

3x mittig

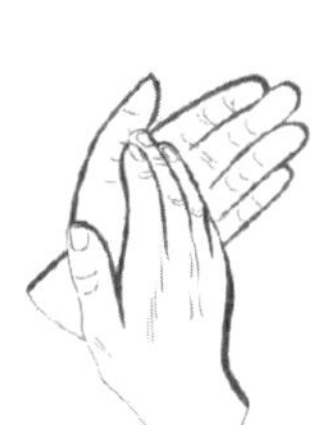
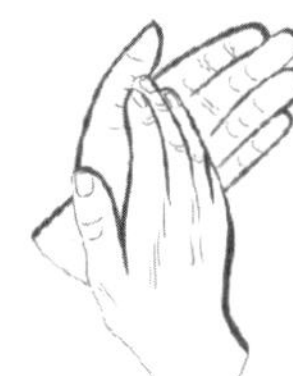
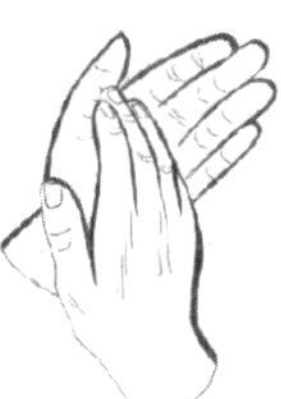

3x oben

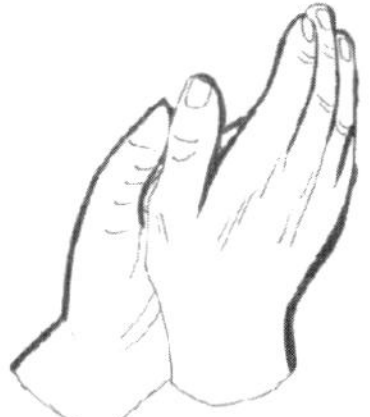

Grundlagen Musik
... aus der Reihe: Inklusion KONKRET – Bestell-Nr. 13 003
KOHL VERLAG

Name:______________________________

Klasse:______________________________

Klatschen bringt Rhythmus

Klatsche:

2x unten

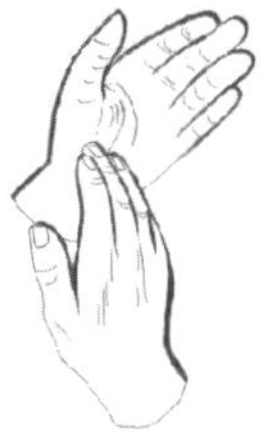 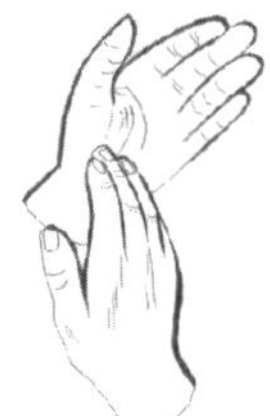

3x mittig

 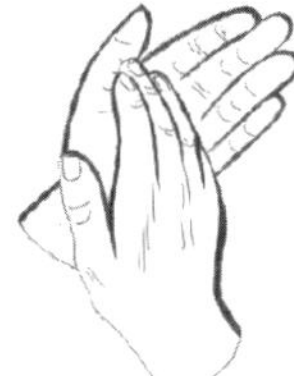 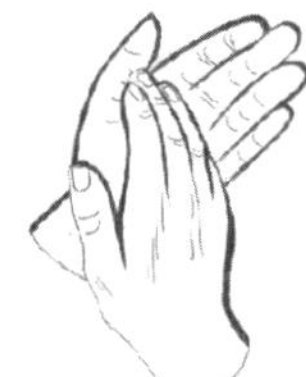

2x oben

Klatsche:

2x oben

2x mittig

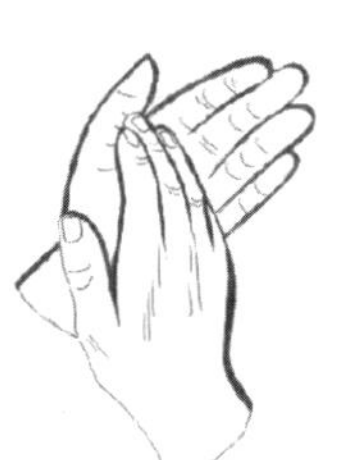 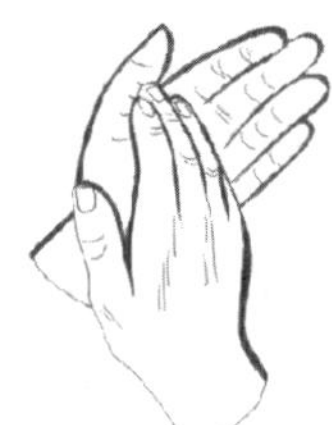

3x unten

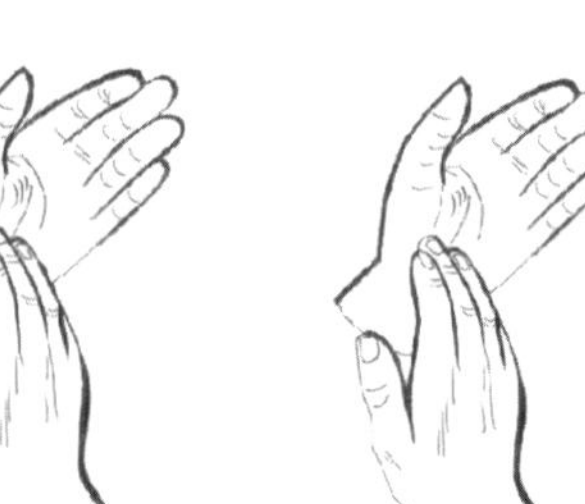 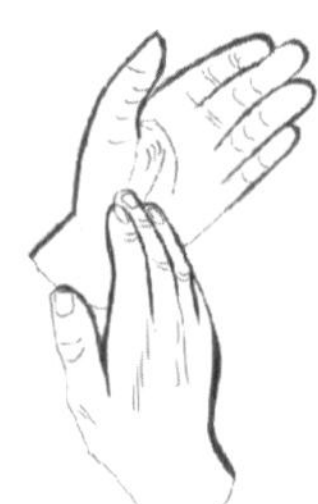

2x mittig

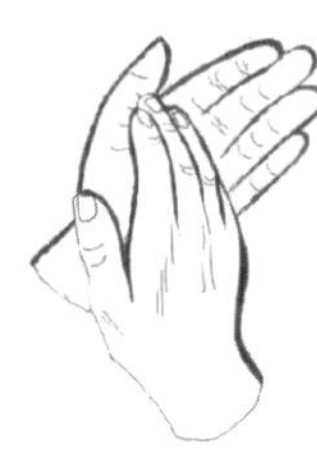 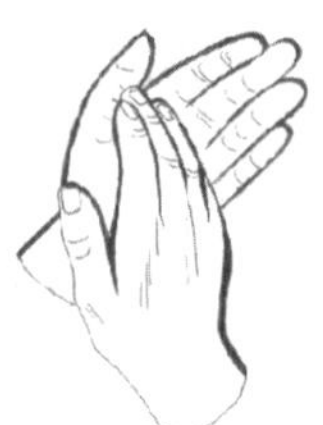

Name: ______________________________

Klasse: ______________________________

Klatschen bringt Rhythmus

Klatsche:

2x unten

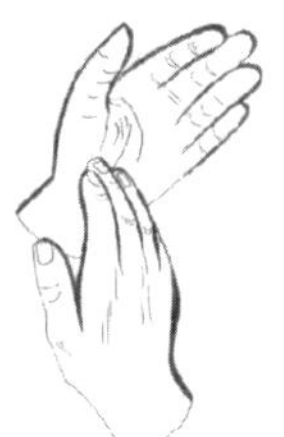 

3x mittig

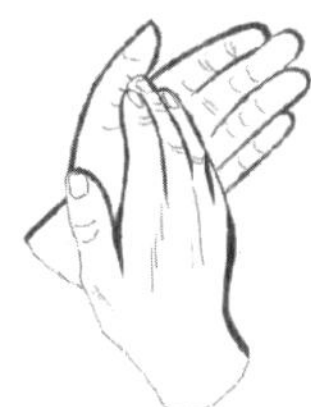 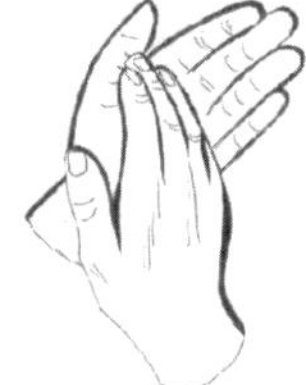 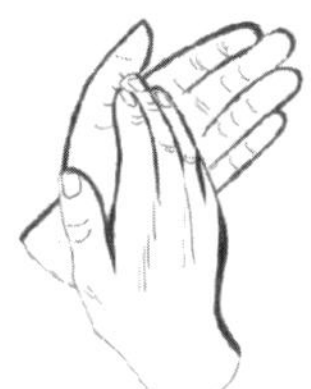

2x oben

 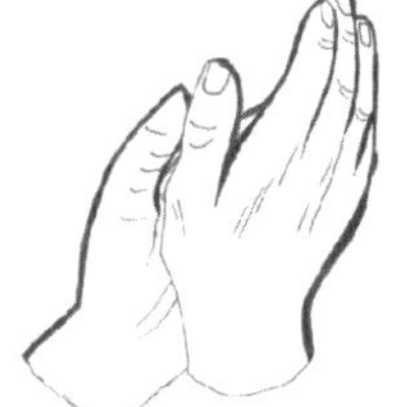

3x unten

  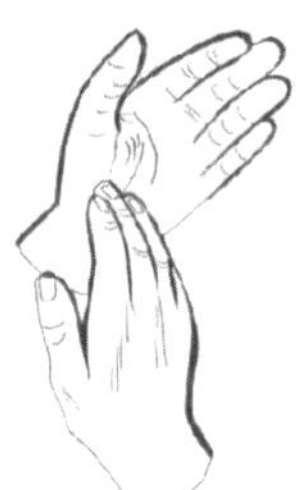

2x oben

3x mittig

 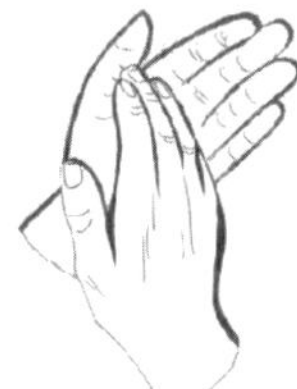 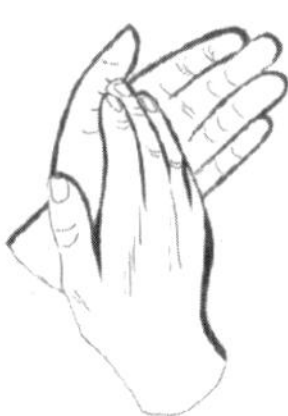

3x unten

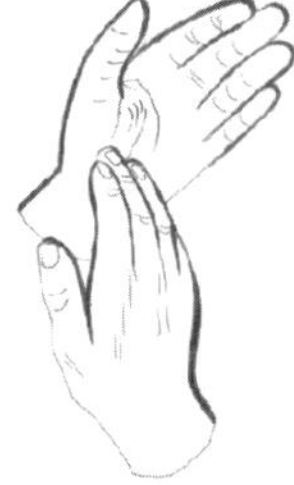 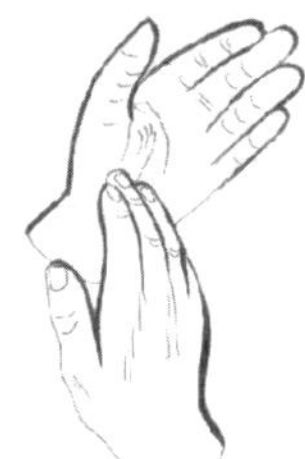 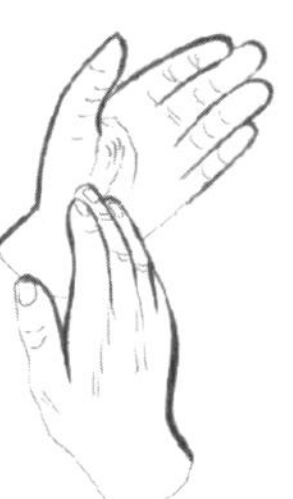

2x mittig

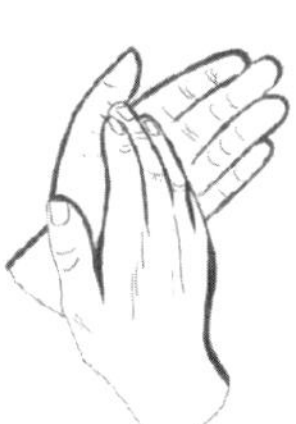 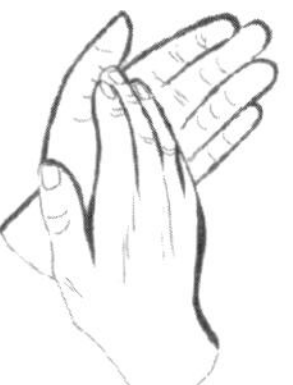

Grundlagen Musik
... aus der Reihe: Inklusion KONKRET – Bestell-Nr. 13 003
KOHL VERLAG

Das Orchester – wer sitzt wo?

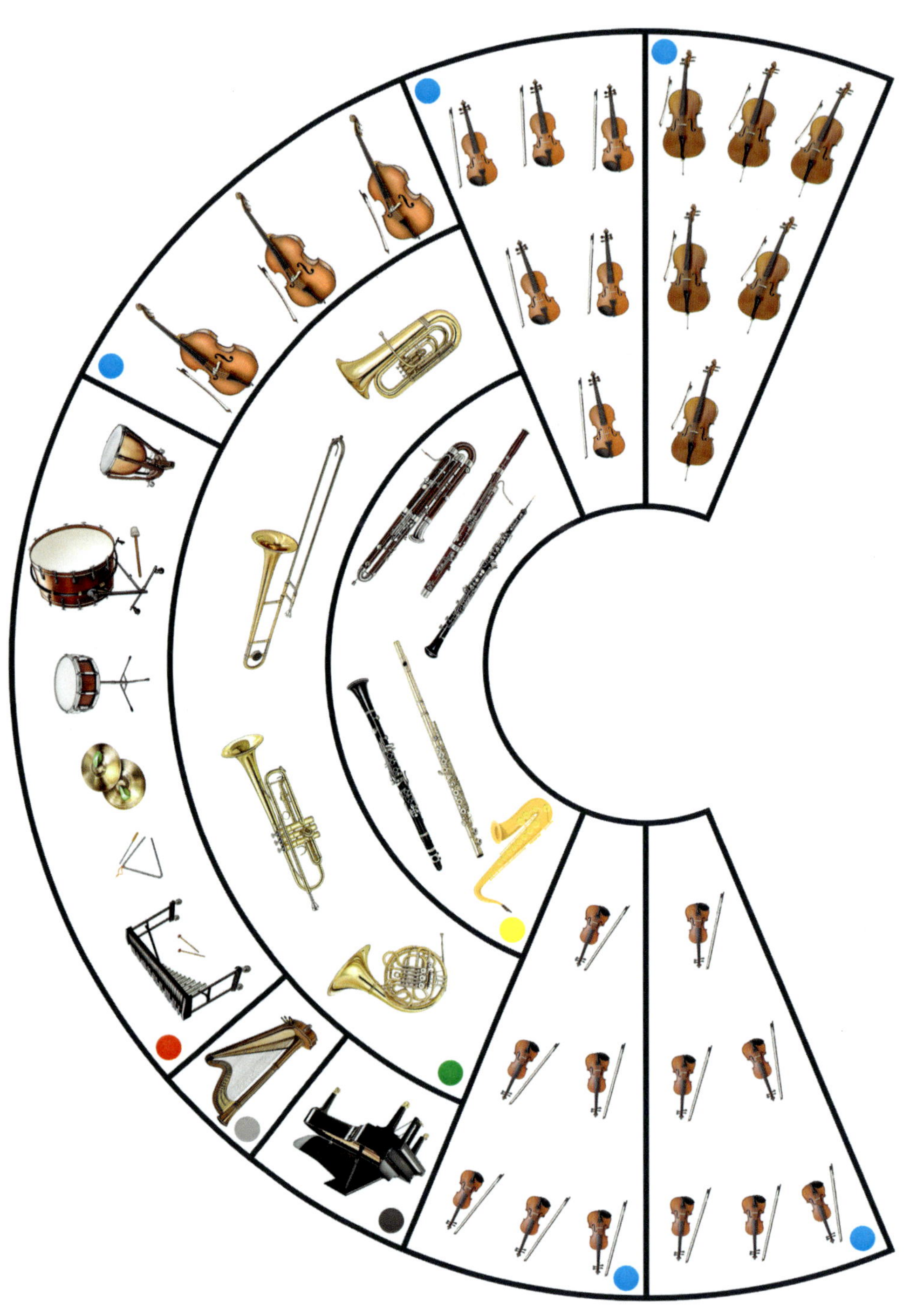